M. TULLIUS CICERO

Pro A. Licinio Archia poeta oratio
Rede für den Dichter A. Licinius Archias

LATEINISCH / DEUTSCH

ÜBERSETZT UND HERAUSGEGEBEN
VON OTTO SCHÖNBERGER

PHILIPP RECLAM JUN. STUTTGART

Der lateinische Text der vorliegenden Ausgabe beruht auf einer kritischen Durchsicht der Edition von P. Reis und H. Kasten, Leipzig: Teubner, ³1966.

Universal-Bibliothek Nr. 1268
Alle Rechte vorbehalten
© 1979 Philipp Reclam jun. GmbH & Co., Stuttgart
Bibliographisch ergänzte Ausgabe 1990
Satz: C. H. Beck, Nördlingen
Druck und Bindung: Reclam, Ditzingen
Printed in Germany 1990
RECLAM und UNIVERSAL-BIBLIOTHEK sind eingetragene
Warenzeichen der Philipp Reclam jun. GmbH & Co., Stuttgart
ISBN 3-15-001268-6

Pro A. Licinio Archia
poeta oratio

Rede für den Dichter
A. Licinius Archias

Pro A. Licinio Archia poeta oratio

1 (1) Si quid est in me ingeni, iudices, quod sentio quam sit exiguum, aut si qua exercitatio dicendi, in qua me non infitior mediocriter esse versatum, aut si huiusce rei ratio aliqua ab optimarum artium studiis ac disciplina profecta, a qua ego nullum confiteor aetatis meae tempus abhorruisse, earum rerum omnium vel in primis hic A. Licinius fructum a me repetere prope suo iure debet. nam, quoad longissime potest mens mea respicere spatium praeteriti temporis et pueritiae memoriam recordari ultimam, inde usque repetens hunc video mihi principem et ad suscipiendam et ad ingrediendam rationem horum studiorum exstitisse. quodsi haec vox huius hortatu praeceptisque conformata non nullis aliquando saluti fuit, a quo id accepimus, quo ceteris opitulari et alios servare possumus, huic profecto ipsi, quantum est situm in nobis, et opem et salutem ferre debemus. (2) ac ne quis a nobis hoc ita dici forte miretur, quod alia quaedam in hoc facultas sit ingeni neque haec dicendi ratio

Rede für den Dichter A. Licinius Archias

1 (1) Wenn ich, ihr Richter, einiges Talent zum Redner habe, dessen geringes Maß ich allerdings fühle, oder einige Fertigkeit im Reden, womit ich mich, und das soll nicht geleugnet werden, nicht gerade oberflächlich beschäftigt habe, oder wenn ich auch nur einige theoretische Kenntnis der Redekunst besitze, die aus dem eifrigen Studium der schönen Künste[1] hervorgegangen ist – und ich gestehe es offen, daß ich die Erwerbung dieser Kenntnis zu keiner Zeit meines Lebens vernachlässigt habe –, dann darf wohl in erster Linie mein Klient hier, Aulus Licinius[2], auf die Früchte aller dieser Eigenschaften sozusagen von Rechts wegen Anspruch erheben. Denn soweit ich in die Vergangenheit zurückzublicken und die frühesten Jugendeindrücke mir zu vergegenwärtigen vermag, so steht mir jedesmal, wenn ich so weit zurückdenke, dieser Mann vor Augen, der mein Führer bei der Wahl dieses Studiengangs und bei den ersten Schritten darin gewesen ist. Wenn also meine Redegabe, durch die Anregung und Unterweisung dieses Mannes ausgebildet, sonst schon manchen gerettet hat, so ist es doch gewiß nicht mehr als meine Pflicht, wenn ich gerade dem Manne unter Aufgebot meiner ganzen Kraft Hilfe und Rettung zu bringen suche, von dem ich die Mittel empfing, anderen Menschen zu helfen und andere zu retten. (2) Damit sich aber niemand über diese meine Worte wundert, weil ja der Angeklagte ein ganz anderes Talent besitzt und nicht die

aut disciplina, ne nos quidem huic uni studio penitus umquam dediti fuimus. etenim omnes artes, quae ad humanitatem pertinent, habent quoddam commune vinclum et quasi cognatione quadam inter se continentur.

2 (3) Sed ne cui vestrum mirum esse videatur me in quaestione legitima et in iudicio publico, cum res agatur apud praetorem populi Romani, lectissimum virum, et apud severissimos iudices, tanto conventu hominum ac frequentia hoc uti genere dicendi, quod non modo a consuetudine iudiciorum, verum etiam a forensi sermone abhorreat, quaeso a vobis, ut in hac causa mihi detis hanc veniam accommodatam huic reo, vobis, quem ad modum spero, non molestam, ut me pro summo poeta atque eruditissimo homine dicentem hoc concursu hominum litteratissimorum, hac vestra humanitate, hoc denique praetore exercente iudicium patiamini de studiis humanitatis ac litterarum paulo loqui liberius et in eius modi persona, quae propter otium ac studium minime in iudiciis periculisque tractata est, uti prope novo quodam et inusitato genere dicendi. (4) quod si mihi a vobis tribui

Theorie und Praxis der Beredsamkeit, von der ich sprach, so möchte ich bemerken, daß auch ich diesem Studium nie ganz ausschließlich ergeben war. Denn alle Künste und Wissenschaften, die das Wesen menschlicher Bildung ausmachen, sind durch ein gemeinsames Band verbunden und stehen untereinander in einer Art von Verwandtschaft.

2 (3) Und damit es niemand von euch befremdet, wenn ich in einem öffentlichen Kriminalprozeß, der vor dem Praetor des römischen Volkes, einem hochachtbaren Manne, vor so gestrengen Geschworenen und vor einem so überaus zahlreichen Publikum verhandelt wird, mich einer Art des Vortrags bediene, die nicht nur von der üblichen Gerichtssprache abweicht, sondern auch von dem sonst auf dem Forum gebräuchlichen Ton, so richte ich an euch die Bitte – sie ist dem Wesen des Angeklagten angemessen und fällt euch hoffentlich nicht lästig –, mir zu gestatten, daß ich bei der Verteidigung eines so bedeutenden Dichters und hochgebildeten Mannes in diesem zahlreichen Kreise begeisterter Literaturkenner, vor Leuten von so feiner Bildung und wohlwollender Gesinnung, wie ihr es seid, und vor einem solchen Praetor als Vorsitzenden etwas freier über Fragen wissenschaftlicher und literarischer Bildung sprechen darf und hier, wo es sich um eine Persönlichkeit handelt, die wegen ihrer Zurückgezogenheit vom öffentlichen Leben und ihrer künstlerischen Tätigkeit noch nie vor Gericht in Prozessen herumgezerrt wurde, eine wohl ganz neuartige und ungewöhnliche Art des Vortrages anwende. (4) Wenn ich annehmen darf,

concedique sentiam, perficiam profecto, ut hunc
A. Licinium non modo non segregandum, cum sit civis, a numero civium, verum etiam, si non esset, putetis asciscendum fuisse.

3 Nam, ut primum ex pueris excessit Archias atque
ab iis artibus, quibus aetas puerilis ad humanitatem
informari solet, se ad scribendi studium contulit, primum Antiochiae – nam ibi natus est loco nobili –,
celebri quondam urbe et copiosa atque eruditissimis
hominibus liberalissimisque studiis adfluenti, celeriter
antecellere omnibus ingeni gloria contigit. post in ceteris Asiae partibus cunctaque Graecia sic eius adventus celebrabantur, ut famam ingeni exspectatio hominis, exspectationem ipsius adventus admiratioque superaret. (5) erat Italia tum plena Graecarum artium ac
disciplinarum, studiaque haec et in Latio vehementius
tum colebantur quam nunc isdem in oppidis et hic
Romae propter tranquillitatem rei publicae non neglegebantur. itaque hunc et Tarentini ⟨et Locrenses⟩
et Regini et Neapolitani civitate ceterisque praemiis
donarunt, et omnes, qui aliquid de ingeniis poterant
iudicare, cognitione atque hospitio dignum existimarunt. hac tanta celebritate famae cum esset iam absen-

daß ihr mir das gerne gewährt, dann werde ich es
gewiß so weit bringen, daß ihr zu der Überzeugung
gelangt, man dürfe den Aulus Licinius keinesfalls aus
der Bürgerliste streichen, weil er eben ein Bürger *ist*,
sondern man hätte ihn schon längst darin aufnehmen
müssen, selbst wenn er es noch nicht wäre.

3 Sobald nämlich Archias dem Knabenalter entwachsen war und sich nach Vollendung seiner jugendlichen, zu höherer Bildung führenden Studien der Schriftstellerei zuwandte, begann er, zunächst in Antiochia[3] – denn hier wurde er geboren als Sohn einer angesehenen Familie –, einer ehedem stark bevölkerten, wohlhabenden Stadt, einem Mittelpunkt der gebildeten Welt und des wissenschaftlichen Lebens, durch den Glanz seiner Begabung alle anderen zu überflügeln. Später erregte in den übrigen Ländern Kleinasiens und in ganz Griechenland seine Ankunft ein solches Aufsehen, daß die Erwartung des Mannes den Ruf seines Talentes, sein Auftreten und die ihm gezollte Bewunderung aber die Erwartung übertrafen. (5) Nun war zu dieser Zeit ganz Unteritalien eine Heimstätte griechischer Kunst und Wissenschaft, und diese Studien fanden damals in Latium eifrigere Pflege als jetzt in den gleichen Städten; auch hier in Rom wurden sie bei den ruhigen politischen Verhältnissen[4] nicht vernachlässigt. Und so beschenkten ihn denn Tarent, Locri, Regium und Neapel mit dem Bürgerrecht und sonstigen Vergünstigungen, wie auch alle Leute, die einiges Urteil in geistigen Dingen besaßen, seine Bekanntschaft und Freundschaft gerne suchten. Infolge dieses großen, weitverbreiteten Ruhmes

tibus notus, Romam venit Mario consule et Catulo.
nactus est primum consules eos, quorum alter res ad
scribendum maximas, alter cum res gestas tum etiam
studium atque auris adhibere posset. statim Luculli,
cum praetextatus etiam tum Archias esset, eum domum suam receperunt. sed etiam hoc non solum ingeni ac litterarum, verum etiam naturae atque virtutis,
ut domus, quae huius adulescentiae prima fuerit,
eadem esset familiarissima senectuti. (6) erat temporibus illis iucundus Q. Metello illi Numidico et eius Pio
filio, audiebatur a M. Aemilio, vivebat cum Q. Catulo
et patre et filio, a L. Crasso colebatur. Lucullos vero
et Drusum et Octavios et Catonem et totam Horten-
siorum domum devinctam consuetudine cum teneret,
adficiebatur summo honore, quod eum non solum
colebant, qui aliquid percipere atque audire stude-
bant, verum etiam si qui forte simulabant. 4 interim
satis longo intervallo, cum esset cum L. Lucullo in
Siciliam profectus et cum ex ea provincia cum eodem
Lucullo decederet, venit Heracleam. quae cum esset
civitas aequissimo iure ac foedere, ascribi se in eam
civitatem voluit idque, cum ipse per se dignus putare-

schon aus der Ferne bekannt, kam er im Consulatsjahr des Marius und Catulus nach Rom. Da traf er nun gleich solche Consuln an, von denen ihm der eine die großartigsten Taten als Stoff für eine dichterische Darstellung bieten, der andere neben seinen Taten noch ganz besonderes Interesse und Verständnis entgegenbringen konnte.[5] Sogleich nahmen ihn die Luculler, obwohl Archias damals fast noch ein Knabe war, in ihr Haus auf. Es war aber durchaus nicht nur seinem Dichtertum und seiner gelehrten Bildung, sondern auch seinem Charakter und sittlichen Wert zuzuschreiben, daß das Haus, das sich dem jungen Manne zuerst geöffnet hatte, auch dem Greise sehr vertraut blieb. (6) In jenen Jahren[6] war er auch gern gesehen bei dem berühmten Quintus Metellus Numidicus und seinem Sohne Pius,[7] wurde gern gehört von Marcus Aemilius, verkehrte bei Quintus Catulus, dem Vater und Sohn, und wurde hochgeschätzt von einem Manne wie Lucius Crassus. Und da er zu den Familien der Luculli, Drusi, Octavii, zu einem Cato und dem ganzen Hause der Hortensier[8] die engsten Beziehungen unterhielt, genoß er auch in weiteren Kreisen die größte Achtung, da ihn nicht nur solche Leute hochschätzten, die wirklich etwas lernen und hören wollten, sondern auch solche, die nur Interesse heuchelten. 4 In diesen Jahren reiste er nach ziemlich langer Zeit mit Marcus Lucullus nach Sizilien; später verließ er diese Provinz mit demselben Lucullus wieder und kam nach Heraclea. Da dies eine Stadt war, die einen Bundesvertrag auf der Grundlage der völligen Gleichberechtigung hatte, so bat er, in die dortige

tur, tum auctoritate et gratia Luculli ab Heracliensibus impetravit. (7) data est civitas Silvani lege et Carbonis: *Si qui foederatis civitatibus ascripti fuissent, si tum, cum lex ferebatur, in Italia domicilium habuissent et si sexaginta diebus apud praetorem essent professi.* cum hic domicilium Romae multos iam annos haberet, professus est apud praetorem Q. Metellum, familiarissimum suum.

(8) Si nihil aliud nisi de civitate ac lege dicimus, nihil dico amplius; causa dicta est. quid enim horum infirmari, Gratti, potest? Heracleaene esse tum ascriptum negabis? adest vir summa auctoritate et religione et fide, M. Lucullus; qui se non opinari, sed scire, non audisse, sed vidisse, non interfuisse, sed egisse dicit. adsunt Heraclienses legati, nobilissimi homines; huius iudici causa cum mandatis et cum publico testimonio venerunt; qui hunc ascriptum Heracliensem di-

Bürgerliste aufgenommen zu werden, und Heraclea
gewährte ihm diese Bitte, besonders im Hinblick auf
das Ansehen und den Einfluß des Lucullus, obwohl
man ihn schon auf Grund seiner Persönlichkeit selbst
für würdig hielt. (7) Nun wurde aber das römische
Bürgerrecht auf Grund des Gesetzes des Silvanus und
des Carbo erteilt;[9] der Abschnitt lautet: *Wenn jemand in einer verbündeten Stadt in die Bürgerliste eingeschrieben war und zu dem Zeitpunkt, als das Gesetz eingebracht wurde, in Italien ansässig gewesen und sich binnen sechzig Tagen bei einem Praetor gemeldet hat.* Da mein Klient schon viele Jahre hier in
Rom ansässig war, meldete er sich bei dem Praetor
Quintus Metellus, der ja einer seiner besten Freunde
war.

(8) Wenn ich nun bloß über die gesetzmäßige Erwerbung des Bürgerrechtes sprechen soll, brauche ich
nichts weiter zu sagen, dann ist meine Rede schon zu
Ende. Denn welche von meinen Feststellungen kann
entkräftet werden, Grattius? Willst du leugnen, daß
er damals in Heraclea in die Bürgerliste eingetragen
wurde? Da steht Marcus Lucullus, ein Mann von
größter Glaubwürdigkeit, Gewissenhaftigkeit und
Zuverlässigkeit, und dieser Mann erklärt, er meine
das nicht bloß so obenhin, sondern wisse es genau,
habe es nicht nur gehört, sondern gesehen und sei
nicht bloß dabei, sondern die treibende Kraft gewesen. Da sind Abgeordnete aus Heraclea, höchst angesehene Männer; sie sind eigens wegen dieses Prozesses mit amtlichen Aufträgen und offiziellem Zeugnis
erschienen und sagen aus, daß er Bürger von Heraclea

cunt. hic tu tabulas desideras Heracliensium publicas, quas Italico bello incenso tabulario interisse scimus omnes? est ridiculum ad ea, quae habemus, nihil dicere, quaerere, quae habere non possumus, et de hominum memoria tacere, litterarum memoriam flagitare et, cum habeas amplissimi viri religionem, integerrimi municipi ius iurandum fidemque, ea, quae depravari nullo modo possunt, repudiare, tabulas, quas idem dicis solere corrumpi, desiderare. (9) an domicilium Romae non habuit? is, qui tot annis ante civitatem datam sedem omnium rerum ac fortunarum suarum Romae conlocavit! an non est professus? immo vero iis tabulis professus, quae solae ex illa professione conlegioque praetorum obtinent publicarum tabularum auctoritatem. 5 nam, cum Appi tabulae neglegentius adservatae dicerentur, Gabini, quam diu incolumis fuit, levitas, post damnationem calamitas omnem tabularum fidem resignasset, Metellus, homo sanctissimus modestissimusque omnium, tanta diligentia fuit, ut ad L. Lentulum praetorem et ad iudices venerit et unius nominis litura se commotum esse dixerit. his igitur tabulis nullam lituram in nomen

ist. Und da verlangst du noch die amtlichen Listen von Heraclea, die, wie alle Welt weiß, im Italischen Krieg[10] beim Brand des Archivs vernichtet wurden. Es ist einfach lächerlich, sich zu dem, was wir vorweisen, nicht zu äußern, und dafür etwas zu verlangen, was wir unmöglich haben können, zu einem lebenden Zeugen zu schweigen, dagegen tote Buchstaben zu fordern und trotz des Ehrenwortes eines hochangesehenen Mannes, trotz der eidesstattlichen Erklärung einer ehrenfesten freien Stadt *das* nicht anzunehmen, was auf keine Weise gefälscht werden kann, dagegen Listen zu fordern, deren Fälschung, wie du selber sagst, an der Tagesordnung ist. (9) Oder war er in Rom gar nicht ansässig? Er, der so viele Jahre vor der Verleihung des Bürgerrechtes sich in Rom mit seiner ganzen Habe niederließ? Oder hat er sich nicht gemeldet? Ganz im Gegenteil! Seine Meldung steht gerade in den Listen, die als einzige von jener Anmeldung beim Praetorenkollegium die Geltung amtlicher Listen besitzen. 5 Denn während es von den Listen des Appius hieß, sie seien reichlich nachlässig aufbewahrt worden, und während bei Gabinius,[11] solange er noch im Besitz der bürgerlichen Ehrenrechte war, sein Leichtsinn, nach seiner Verurteilung aber sein Sturz den Listen alle Glaubwürdigkeit nahm, bewies Metellus als äußerst gewissenhafter und streng rechtlicher Mann eine so peinliche Genauigkeit, daß er sich an den Praetor Lucius Lentulus[12] und die Geschworenen wandte, um seine Beunruhigung wegen einer Korrektur an einem einzigen Namen zu äußern. Und gerade in diesen Listen findet ihr keine Änderung

A. Licini videtis. (10) quae cum ita sint, quid est, quod de eius civitate dubitatis, praesertim cum aliis quoque in civitatibus fuerit ascriptus? etenim, cum mediocribus multis et aut nulla aut humili aliqua arte praeditis ⟨non⟩ gravate civitatem in Graecia homines impertiebant, Reginos credo aut Locrensis aut Neapolitanos aut Tarentinos, quod scaenicis artificibus largiri solebant, id huic summa ingeni praedito gloria noluisse! quid? cum ceteri non modo post civitatem datam, sed etiam post legem Papiam aliquo modo in eorum municipiorum tabulas inrepserunt, hic, qui ne utitur quidem illis, in quibus est scriptus, quod semper se Heracliensem esse voluit, reicietur? (11) census nostros requiris. scilicet. est enim obscurum proximis censoribus hunc cum clarissimo imperatore, L. Lucullo, apud exercitum fuisse, superioribus cum eodem quaestore fuisse in Asia, primis, Iulio et Crasso, nullam populi partem esse censam. sed, quoniam census non ius civitatis confirmat ac tantum modo indicat eum, qui sit census, ita se iam tum gessisse pro cive, iis

beim Namen des Aulus Licinius. (10) Was habt ihr also bei dieser Sachlage für einen Grund, an seinem Bürgerrecht zu zweifeln, zumal er auch noch in die Listen anderer Städte eingetragen war? Natürlich, zu einer Zeit, wo man in Unteritalien vielen Dutzendköpfen und Leuten, die keine oder nur minderwertige Kunstfertigkeit besaßen, das Bürgerrecht geradezu nachwarf, da werden die Bürger von Regium und Locri, von Neapel oder Tarent dem Angeklagten, einem durch sein Talent hochberühmten Manne, eine Gunst versagt haben, die sie Schauspielern jederzeit in reichem Maße gewährten! Weiter: Während andere nicht nur nach der damaligen Verleihung des Bürgerrechts, sondern sogar noch nach dem Erlaß des Papischen Gesetzes auf irgendeine Weise sich in die Listen jener Städte einschmuggeln konnten, soll dieser Mann ausgestoßen werden, der sich auf jene Verzeichnisse, in denen sein Name steht, gar nicht beruft, weil er schon immer für einen Bürger von Heraclea hat gelten wollen! (11) Du vermissest unsere Vermögenseinschätzung. Natürlich! Es ist ja auch ein Geheimnis, daß dieser Mann während der letzten Steuerperiode[13] mit dem ruhmreichen Feldherrn Lucius Lucullus bei der Armee stand, während der vorletzten sich mit dem gleichen Manne während dessen Quaestur in Kleinasien aufhielt und daß während der ersten nach Erteilung des Bürgerrechtes unter Iulius und Crassus überhaupt keine Schätzung irgendeines Volksteiles stattgefunden hat. Weil nun aber die Steuerliste das Bürgerrecht nicht bestätigt, sondern nur aussagt, daß der Eingeschätzte sich schon damals, als er einge-

temporibus, quem tu criminaris ne ipsius quidem iudicio in civium Romanorum iure esse versatum, et testamentum saepe fecit nostris legibus et adiit hereditates civium Romanorum et in beneficiis ad aerarium delatus est a L. Lucullo pro consule. 6 quaere argumenta, si quae potes. numquam enim hic neque suo neque amicorum iudicio revincetur.

(12) Quaeres a nobis, Gratti, cur tanto opere hoc homine delectemur. quia suppeditat nobis, ubi et animus ex hoc forensi strepitu reficiatur et aures convicio defessae conquiescant. an tu existimas aut suppetere nobis posse, quod cotidie dicamus in tanta varietate rerum, nisi animos nostros doctrina excolamus, aut ferre animos tantam posse contentionem, nisi eos doctrina eadem relaxemus? ego vero fateor me his studiis esse deditum. ceteros pudeat, si qui ita se litteris abdiderunt, ut nihil possint ex iis neque ad communem adferre fructum neque in aspectum lucemque proferre; me autem quid pudeat, qui tot annos ita vivo,

schätzt wurde, als Bürger gegeben habe, so weise ich nur darauf hin, daß zu jener Zeit der Mann, den du beschuldigst, er habe nicht einmal selbst das Gefühl gehabt, er sei rechtmäßiger römischer Bürger, oft ein Testament nach unseren Gesetzen gemacht und Erbschaften römischer Bürger angetreten hat und auch von Lucius Lucullus in dessen Proconsulat als Empfänger eines Kostenersatzes bei der Staatskasse angemeldet wurde.[14] 6 Suche Gegenbeweise, wenn du kannst! Denn mein Klient wird durch sein eigenes Urteil und das seiner Freunde nie überführt werden.

(12) Du möchtest nun wohl noch wissen, Grattius, warum ich mich zu diesem Mann so hingezogen fühle. Warum? Weil er mir eine Zuflucht verschafft, wo sich mein Geist vom Getöse des Forums erholen und mein Ohr von dem ermüdenden Parteigezänk Ruhe finden kann. Oder glaubst du vielleicht, ich hätte bei solcher Verschiedenartigkeit der Rechtsfälle immer Stoff genug zu meinen täglichen Reden, wenn ich mich nicht wissenschaftlich weiterbildete, oder meine Nerven könnten eine solche Beanspruchung aushalten, wenn ich ihnen nicht ebenso in der Beschäftigung mit der Wissenschaft eine Erholung verschaffte? Ich jedenfalls bekenne mich offen als Anhänger dieser Studien. Andere mögen sich schämen, die vielleicht so in die Bücher vergraben sind, daß sie aus ihnen nichts Gemeinnütziges beizutragen oder überhaupt ans Licht der Öffentlichkeit zu fördern imstande sind; warum sollte aber ich mich schämen müssen, ihr Richter, der ich seit so vielen Jahren ein solches Le-

iudices, ut a nullius umquam me tempore aut commodo aut otium meum abstraxerit aut voluptas avocarit aut denique somnus retardarit? (13) quare quis tandem me reprehendat aut quis mihi iure suscenseat, si, quantum ceteris ad suas res obeundas, quantum ad festos dies ludorum celebrandos, quantum ad alias voluptates et ad ipsam requiem animi et corporis conceditur temporum, quantum alii tribuunt tempestivis conviviis, quantum denique alveolo, quantum pilae, tantum mihi egomet ad haec studia recolenda sumpsero?

Atque hoc adeo mihi concedendum est magis, quod ex his studiis haec quoque crescit oratio et facultas, quae quantacumque est in me, numquam amicorum periculis defuit. quae si cui levior videtur, illa quidem certe, quae summa sunt, ex quo fonte hauriam, sentio. (14) nam, nisi multorum praeceptis multisque litteris mihi ab adulescentia suasissem nihil esse in vita magno opere expetendum nisi laudem atque honestatem, in ea autem persequenda omnis cruciatus corporis, omnia pericula mortis atque exsilia parvi esse ducenda, numquam me pro salute vestra in tot ac tantas dimicationes atque in hos profligatorum hominum cotidianos impetus obiecissem. sed pleni sunt omnes libri, plenae sapientium voces, plena exemplorum ve-

ben führe, daß mich keine Freizeit, kein Vergnügen, kein Schlaf der Bedrängnis oder dem Vorteil eines Mitbürgers entzogen hat? (13) Weshalb sollte mich denn jemand tadeln oder mir gar mit Recht zürnen, wenn ich immer wieder soviel Zeit auf die Beschäftigung mit diesen Studien verwende, wie anderen Leuten zur Erledigung ihrer häuslichen Angelegenheiten, zur Feier der Festspiele und zu anderen Vergnügen oder bloß zu ihrer geistigen und körperlichen Erholung vergönnt wird, eine Zeit, die manche Leute üppigen Gastmählern oder gar dem Würfel- oder Ballspiel widmen?

Und diese Erlaubnis muß man mir um so mehr zugestehen, als diese Studien auch der Nährboden meiner rednerischen Fähigkeit und meines Talentes sind, die, wie groß oder gering sie auch sein mögen, nie meine Freunde in ihrer Not im Stiche ließen. Und wenn dieses Talent dem einen oder anderen auch recht gering erscheint – ich kenne doch wenigstens die Quelle, aus der ich die erhabensten Prinzipien schöpfen kann. (14) Denn hätte ich nicht durch vielfache Belehrung und vielseitige Lektüre von Jugend auf die Überzeugung gewonnen, daß man auf Erden nach nichts ernstlich streben darf als nach wahrem Ruhm und Ehrenhaftigkeit und daß man bei diesem Streben alle Qualen, alle Gefahren wie Tod und Verbannung geringzuachten habe – niemals hätte ich mich für eure Wohlfahrt so vielen gefährlichen Kämpfen und den ständigen Angriffen niederträchtiger Menschen ausgesetzt.[15] Aber voll von diesen Grundsätzen sind alle Schriften, voll davon die Aus-

tustas; quae iacerent in tenebris omnia, nisi litterarum lumen accederet. quam multas nobis imagines non solum ad intuendum, verum etiam ad imitandum fortissimorum virorum expressas scriptores et Graeci et Latini reliquerunt! quas ego mihi semper in administranda re publica proponens animum et mentem meam ipsa cogitatione hominum excellentium conformabam.

7 (15) Quaeret quispiam: ›Quid? illi ipsi summi viri, quorum virtutes litteris proditae sunt, istane doctrina, quam tu effers laudibus, eruditi fuerunt?‹ difficile est hoc de omnibus confirmare, sed tamen est certum, quid respondeam. ego multos homines excellenti animo ac virtute fuisse sine doctrina et naturae ipsius habitu prope divino per se ipsos et moderatos et gravis exstitisse fateor. etiam illud adiungo, saepius ad laudem atque virtutem naturam sine doctrina quam sine natura valuisse doctrinam. atque idem ego hoc contendo, cum ad naturam eximiam et inlustrem accesserit ratio quaedam conformatioque doctrinae, tum illud nescio quid praeclarum ac singulare solere exsistere. (16) ex hoc esse hunc numero, quem patres nostri viderunt, divinum hominem, Africanum, ex

sprüche der Weisen, voll die Beispiele aus alter Zeit; und dies alles läge in Finsternis begraben, wenn nicht die Literatur mit ihrem Licht herzuträte. Denn wie viele lebensvolle, plastische Bilder heroischer Gestalten hat uns doch das griechische und römische Schrifttum zur Betrachtung, ja auch zur Nachahmung überliefert! Diese waren es, die ich mir in meinem politischen Leben stets vor Augen hielt und so Herz und Geist allein schon durch den Gedanken an hervorragende Männer zu bilden suchte.

7 (15) Nun wird jemand fragen: »Wie? Sind denn auch jene großen Männer, von deren Trefflichkeit wir in Büchern lesen, im Besitz deiner gepriesenen gelehrten Bildung gewesen, von der du soviel Aufhebens machst?« Zwar läßt sich dies nicht von allen behaupten, aber trotzdem ist meine Antwort eindeutig. Ich gestehe: viele Männer haben ausgezeichnete geistige und sittliche Eigenschaften besessen ohne gelehrte Bildung und es doch, bloß kraft der fast ans Übermenschliche grenzenden Veranlagung ihres Wesens, aus eigener Kraft zu sittlicher Freiheit und Festigkeit des Charakters gebracht. Ich füge sogar noch das Eingeständnis hinzu, daß Naturanlagen ohne Schule in mehr Fällen zu Ruhm und Verdienst verholfen haben als umgekehrt. Aber ebenso behaupte ich auch: wenn sich zu hervorragenden Naturanlagen eine methodisch geleitete wissenschaftliche Bildung gesellt, dann ist immer das Ergebnis eine nahezu unbegreifliche und einzigartige Vollkommenheit. (16) Zu diesen Menschen gehört unser unsterblicher Africanus, den unsere Väter noch gesehen haben, zu ihnen Gaius

hoc C. Laelium, L. Furium, moderatissimos homines et continentissimos, ex hoc fortissimum virum et illis temporibus doctissimum, ⟨M.⟩ Catonem illum senem. qui profecto si nihil ad percipiendam colendamque virtutem litteris adiuvarentur, numquam se ad earum studium contulissent.

Quodsi non hic tantus fructus ostenderetur et si ex his studiis delectatio sola peteretur, tamen, ut opinor, hanc animadversionem humanissimam ac liberalissimam iudicaretis. nam ceterae neque temporum sunt neque aetatum omnium neque locorum; at haec studia adulescentiam agunt, senectutem oblectant, secundas res ornant, adversis perfugium ac solacium praebent, delectant domi, non impediunt foris, pernoctant nobiscum, peregrinantur, rusticantur.

8 (17) Quodsi ipsi haec neque attingere neque sensu nostro gustare possemus, tamen ea mirari deberemus, etiam cum in aliis videremus. quis nostrum tam animo agresti ac duro fuit, ut Rosci morte nuper non commoveretur? qui cum esset senex mortuus, tamen propter excellentem artem ac venustatem videbatur

Laelius und Lucius Furius, lauter Männer auf der höchsten Stufe der Sittlichkeit und Selbstverleugnung, zu ihnen der berühmte alte Marcus Cato, ein tüchtiger und für seine Zeit hochgebildeter Mann. Und hätten diese Männer nicht in der Literatur ein Hilfsmittel zur Erkenntnis und Ausübung der Tugend gesehen, so hätten sie sich nie und nimmer diesem Studium zugewandt.[16]

Wäre nun auch der Gewinn, der sich hier zeigt, nicht so groß, und wären diese Studien nur eine Quelle der Unterhaltung, so würdet ihr doch – davon bin ich überzeugt – diese Art von Beschäftigung für die menschenwürdigste und edelste halten. Denn die übrigen Arten passen nicht für alle Zeitlagen, alle Altersstufen und jeden Aufenthalt. Die Studien aber, von denen ich jetzt spreche, sind eine Anleitung für die Jugend, eine Freude des Alters, eine Zier im Glück, Zufluchtsstätte und Trost im Unglück, ein Genuß in der Heimat und in der Fremde keine Last; sie sind bei uns des Nachts und begleiten uns auf Reisen und aufs Land.

8 (17) Und wenn wir uns auch selber mit diesen Studien nicht befassen oder keinen Geschmack daran finden könnten, so müßten wir sie doch bewundern, selbst wenn wir sie nur bei anderen sähen. Wo gibt es einen unter uns, der so roh und gefühllos gewesen wäre, daß ihn neulich der Tod des Roscius[17] nicht schmerzlich berührt hätte? Denn obgleich dieser Mann erst in hohem Alter starb, schien es uns doch, daß ein Mann von seiner hervorragenden Kunst und Grazie überhaupt nicht hätte sterben dürfen. Wenn

omnino mori non debuisse. ergo ille corporis motu tantum amorem sibi conciliarat a nobis omnibus: nos animorum incredibilis motus celeritatemque ingeniorum neglegemus? (18) quotiens ego hunc Archiam vidi, iudices, – utar enim vestra benignitate, quoniam me in hoc novo genere dicendi tam diligenter attenditis – quotiens ego hunc vidi, cum litteram scripsisset nullam, magnum numerum optimorum versuum de iis ipsis rebus, quae tum agerentur, dicere ex tempore, quotiens revocatum eandem rem dicere commutatis verbis atque sententiis! quae vero accurate cogitateque scripsisset, ea sic vidi probari, ut ad veterum scriptorum laudem perveniret. hunc ego non diligam, non admirer, non omni ratione defendendum putem? atque sic a summis hominibus eruditissimisque accepimus, ceterarum rerum studia et doctrina et praeceptis et arte constare, poetam natura ipsa valere et mentis viribus excitari et quasi divino quodam spiritu inflari. quare suo iure noster ille Ennius ›sanctos‹ appellat poetas, quod quasi deorum aliquo dono atque munere commendati nobis esse videantur. (19) sit igitur, iudices, sanctum apud vos, humanissimos homines, hoc poetae nomen, quod nulla umquam barbaria vio-

also er mit der ausdrucksvollen, gewandten Gestik seines Körpers sich bei uns allen so beliebt gemacht hat, sollten dann wir gleichgültig sein gegen die unglaubliche Beweglichkeit und Gewandtheit des Geistes? (18) Wie oft, ihr Richter – ich möchte nämlich die Güte, mit der ihr mir bei dieser ungewöhnlichen Art zu reden so aufmerksam zuhört, noch weiter in Anspruch nehmen –, wie oft war ich nicht Augenzeuge, wie Archias, ohne sich auch nur einen Buchstaben notiert zu haben, eine große Anzahl ganz ausgezeichneter Verse über ein aktuelles Thema aus dem Stegreif dichtete! Wie oft habe ich es erlebt, wie er, zum da capo aufgefordert, den gleichen Gegenstand mit anderen Worten und Gedanken vortrug! Was er aber mit Sorgfalt und Bedacht geschrieben, das fand, wie ich sah, solchen Beifall, daß es an den Ruhm der Klassiker heranreichte. Einen solchen Mann soll ich nicht hochschätzen, nicht bewundern, nicht mit allen Mitteln zu verteidigen suchen? Wir wissen ferner aus dem Munde der größten Gelehrten, daß, während alle anderen Tätigkeiten auf Unterricht, Regeln und Kunst beruhen, die Stärke eines Dichters in seiner eigenen, natürlichen Anlage liegt und daß er durch die Kraft seines Geistes angetrieben und gewissermaßen durch göttlichen Anhauch begeistert wird. Daher nennt unser großer Ennius[18] ganz mit Recht die Dichter heilig, weil sie gewissermaßen infolge eines göttlichen Gnadengeschenkes unserer Verehrung anbefohlen scheinen. (19) Möge also euch, ihr Richter, als Männern von feinster Bildung der Name »Dichter«, den selbst die rohesten Völker nie verletzt haben, hei-

lavit. saxa atque solitudines voci respondent, bestiae saepe immanes cantu flectuntur atque consistunt: nos instituti rebus optimis non poetarum voce moveamur? Homerum Colophonii civem esse dicunt suum, Chii suum vindicant, Salaminii repetunt, Smyrnaei vero suum esse confirmant itaque etiam delubrum eius in oppido dedicaverunt, permulti alii praeterea pugnant inter se atque contendunt.

9 Ergo illi alienum, quia poeta fuit, post mortem etiam expetunt: nos hunc vivum, qui et voluntate et legibus noster est, repudiamus, praesertim cum omne olim studium atque omne ingenium contulerit Archias ad populi Romani gloriam laudemque celebrandam? nam et Cimbricas res adulescens attigit et ipsi illi C. Mario, qui durior ad haec studia videbatur, iucundus fuit. (20) neque enim quisquam est tam aversus a Musis, qui non mandari versibus aeternum suorum laborum facile praeconium patiatur. Themistoclem illum, summum Athenis virum, dixisse aiunt, cum ex eo quaereretur, quod acroama aut cuius vocem libentissime audiret: eius, a quo sua virtus optime praedicaretur. itaque ille Marius item eximie L. Plo-

Rede für den Dichter A. Licinius Archias

lig sein! Felsen und Wüsten antworten seiner Stimme, oft lassen sich wilde Tiere durch Gesang zähmen und bleiben lauschend stehen: und wir, die wir in allem Schönen und Guten unterrichtet wurden, sollten uns von der Dichtkunst Stimme nicht rühren lassen? Colophon behauptet, Homer sei sein Mitbürger, Chios nimmt ihn für sich in Anspruch, Salamis fordert ihn für sich, Smyrna vollends behauptet, er gehöre ihm, und so hat es ihm sogar ein Heiligtum in der Stadt geweiht. Außerdem streiten sich noch gar viele andere Städte leidenschaftlich um ihn.[19]

9 Wenn also jene Leute einen Fremden, bloß weil er ein Dichter war, noch nach seinem Tode zu einem der ihrigen machen wollen, sollen wir diesen Mann, der noch lebt und nach seinem Wunsch und Willen und vor dem Gesetz unser Mitbürger ist, von uns stoßen? Und dabei hat doch Archias schon seit langer Zeit sein ganzes Streben und sein ganzes Talent darauf verwandt, den Glanz und den Ruhm des römischen Volkes zu feiern. Er hat sich ja schon als junger Mann mit einer poetischen Darstellung der Cimbernkriege befaßt und war sogar bei Gaius Marius gern gesehen, der doch für solche Arbeiten wenig empfänglich schien. (20) Ist doch niemand den Musen so abhold, daß er sich die unvergängliche Verherrlichung seiner Taten im Liede nicht gern gefallen ließe. So erzählt man von Themistokles, dem größten Sohn Athens, er habe auf die Frage, welchen Vortragskünstler oder wessen Stimme er am liebsten höre, geantwortet: »Den, der meine Verdienste am besten preist.« Daher hat auch der berühmte Marius den Lucius Plotius[20]

tium dilexit, cuius ingenio putabat ea, quae gesserat, posse celebrari. (21) Mithridaticum vero bellum magnum atque difficile et in multa varietate terra marique versatum totum ab hoc expressum est. qui libri non modo L. Lucullum, fortissimum et clarissimum virum, verum etiam populi Romani nomen inlustrant. populus enim Romanus aperuit Lucullo imperante Pontum et regiis quondam opibus et ipsa naturae regione vallatum; populi Romani exercitus eodem duce non maxima manu innumerabilis Armeniorum copias fudit; populi Romani laus est urbem amicissimam Cyzicenorum eiusdem consilio ex omni impetu regio atque totius belli ore ac faucibus ereptam esse atque servatam. nostra semper feretur et praedicabitur L. Lucullo dimicante, cum interfectis ducibus depressa hostium classis est, incredibilis apud Tenedum pugna illa navalis; nostra sunt tropaea, nostra monumenta, nostri triumphi. quae quorum ingeniis sic efferuntur, ab iis populi Romani fama celebratur. (22) carus fuit Africano superiori noster Ennius, itaque etiam in sepulcro Scipionum putatur is esse constitutus ex marmore; at iis laudibus certe non solum ipse,

ausnehmend geschätzt, von dessen Talent er den Lobpreis seiner Taten erwartete. (21) Der Krieg gegen Mithridates[21] vollends, ein gefährlicher, schwerer Krieg, der sich in buntem Wechsel zu Wasser und zu Lande abspielte, ist von unserem Dichter in seinem ganzen Verlauf geschildert worden, ein Werk, das nicht nur einen so tapferen, hochberühmten Mann wie Lucius Lucullus, sondern auch den Namen des römischen Volkes verherrlicht. Denn das römische Volk war es, das unter dem Oberbefehl des Lucullus den Pontus erschlossen hat, der ehedem durch die Streitkräfte des Königs und schon durch seine natürliche Lage verschanzt war; das Heer des römischen Volkes war es, das unter dem nämlichen Führer mit einer recht bescheidenen Schar die Millionenheere der Armenier zerschlagen hat; dem römischen Volke gebührt der Ruhm, wenn die ihm engbefreundete Stadt Cyzicus durch die Klugheit desselben Mannes jedem Zugriff des Königs und dem gähnenden Rachen des ganzen Krieges entrissen und gerettet worden ist. Als unsere Heldentat wird stets jene beinahe sagenhafte Seeschlacht bei Tenedos genannt und gerühmt werden, in der unter dem Kommando des Lucius Lucullus die feindlichen Führer getötet und ihre Flotte vernichtet wurde. Unser Werk sind die Trophäen, unser die Denkmäler, unser die Triumphe. Und wer dies alles durch sein Talent verkündet, der feiert das Lob des römischen Volkes.[22] (22) Unser Dichter Ennius stand bei Scipio dem Älteren in großer Gunst, und man meint denn auch, er stehe in Marmor in der Familiengruft der Scipionen; fest steht aber, daß durch

qui laudatur, sed etiam populi Romani nomen ornatur. in caelum huius proavus Cato tollitur; magnus honos populi Romani rebus adiungitur. omnes denique illi Maximi, Marcelli, Fulvii non sine communi omnium nostrum laude decorantur. 10 ergo illum, qui haec fecerat, Rudinum hominem maiores nostri in civitatem receperunt: nos hunc Heracliensem multis civitatibus expetitum, in hac autem legibus constitutum de nostra civitate eiciemus?

(23) Nam, si quis minorem gloriae fructum putat ex Graecis versibus percipi quam ex Latinis, vehementer errat, propterea quod Graeca leguntur in omnibus fere gentibus, Latina suis finibus exiguis sane continentur. quare, si res eae, quas gessimus, orbis terrae regionibus definiuntur, cupere debemus, quo eminus manuum nostrarum tela pervenerint, eodem gloriam famamque penetrare, quod cum ipsis populis, de quorum rebus scribitur, haec ampla sunt, tum iis certe, qui de vita gloriae causa dimicant, hoc maximum et periculorum incitamentum est et laborum. (24) quam multos scriptores rerum suarum magnus ille Alexan-

seine Lobeshymnen nicht nur Scipio selbst, der Gegenstand dieses Ruhmes, sondern mit ihm der Name des römischen Volkes verherrlicht wird. In den Himmel erhebt man den Urgroßvater des hier anwesenden Cato[23]; damit erhält die römische Geschichte einen mächtigen Zuwachs an Ehre! Kurz, alle jene Helden, ein Maximus, ein Marcellus, ein Fulvius können nicht gepriesen werden, ohne daß wir alle miteinander gelobt würden.[24] 10 Daher haben auch unsere Vorfahren dem Mann, der dies geleistet hatte, einem Fremden aus Rudiae[25], das Bürgerrecht verliehen; und wir sollen diesen Bürger Heracleas, der von vielen Städten umworben wird, der auf Grund der Gesetze in unserer Stadt eingebürgert worden ist, aus unserer Bürgerschaft ausstoßen?

(23) Wenn aber nun jemand meint, aus griechischen Versen erwachse eine geringere Ruhmesernte als aus lateinischen, so täuscht er sich gewaltig, weil Griechisch fast auf der ganzen Welt gesprochen wird, das Lateinische aber auf seine Grenzen beschränkt ist, die sehr eng sind.[26] Wenn daher unsere Taten erst an den Grenzen der Erde eine Schranke finden, so muß es auch unser Wunsch sein, daß dorthin, wohin unsere Waffen und Heere gekommen sind, auch die rühmliche Kunde davon dringe, weil solche Verherrlichung einmal für die Völker selbst ehrenvoll ist, deren Taten besungen werden, dann aber auch ganz gewiß für jene, die für den Ruhm ihr Leben einsetzen, dies der stärkste Ansporn ist, Gefahren und Mühen auf sich zu nehmen. (24) Wie viele Schriftsteller, die seine Taten beschrieben, soll nicht Alexander der Große um

der secum habuisse dicitur! atque is tamen, cum in
Sigeo ad Achillis tumulum astitisset: ›O fortunate‹,
inquit, ›adulescens, qui tuae virtutis Homerum prae-
conem inveneris!‹ et vere. nam, nisi illi ars illa exstitis-
set, idem tumulus, qui corpus eius contexerat, nomen
etiam obruisset. quid? noster hic Magnus, qui cum
virtute fortunam adaequavit, nonne Theophanem
Mytilenaeum, scriptorem rerum suarum, in contione
militum civitate donavit, et nostri illi fortes viri, sed
rustici ac milites dulcedine quadam gloriae commoti
quasi participes eiusdem laudis magno illud clamore
approbaverunt?

(25) Itaque, credo, si civis Romanus Archias legibus
non esset, ut ab aliquo imperatore civitate donaretur,
perficere non potuit. Sulla cum Hispanos et Gallos
donaret, credo, hunc petentem repudiasset. quem nos
in contione videmus, cum ei libellum malus poeta de
populo subiecisset, quod epigramma in eum fecisset
tantum modo alternis versibus longiusculis, statim ex
iis rebus, quas tum vendebat, iubere ei praemium tribui, sed ea condicione, ne quid postea scriberet. qui
sedulitatem mali poetae duxerit aliquo tamen praemio

sich gehabt haben!²⁷ Und doch rief er auf Sigeum am Grabhügel des Achilles aus:²⁸ »Du glücklicher Jüngling, der du einen Homer als Herold deiner Tapferkeit gefunden hast!« Und er hatte recht. Denn hätte es für ihn nicht jene Kunst gegeben, so hätte der gleiche Hügel, der seinen Körper bedeckte, auch seinen Namen begraben. Und hat nicht unser [Pompeius] Magnus, dessen Tapferkeit so groß ist wie sein Glück, dem Theophanes aus Mytilene,²⁹ der seine Taten beschrieb, vor versammelter Mannschaft das Bürgerrecht verliehen? Und haben nicht unsere Tapferen, freilich nur rauhe Haudegen, förmlich vom Zauber des Ruhms ergriffen, dieser Handlung durch lauten Zuruf Beifall gezollt, wie wenn auch sie an solchem Lobe teilhätten?

(25) Also hätte natürlich Archias, wenn er nicht schon kraft der Gesetze römischer Bürger gewesen wäre, es nicht fertigbringen können, daß ihn irgendein Feldherr mit dem Bürgerrecht beschenkte! Ein Sulla zum Beispiel, der Spanier und Gallier damit beschenkte, hätte natürlich den Angeklagten [Archias] mit solcher Bitte abgewiesen. Aber wir haben es ja selbst erlebt, wie ihm in einer Volksversammlung ein elender Dichterling von der gewöhnlichen Sorte ein Blatt überreichte, und wie dann Sulla, bloß weil er ein Epigramm in kümmerlichen, umschichtig abwechselnden Langversen auf ihn gemacht, sofort aus der Versteigerungsmasse ihm ein Geschenk verabreichen ließ, allerdings unter der Bedingung, daß er künftig keines mehr schreibe.³⁰ Und dieser Mann, der die Beflissenheit eines Winkelpoeten im-

dignam, huius ingenium et virtutem in scribendo et
copiam non expetisset? quid? (26) a Q. Metello Pio,
familiarissimo suo, qui civitate multos donavit, neque
per se neque per Lucullos impetravisset? qui praesertim usque eo de suis rebus scribi cuperet, ut etiam
Cordubae natis poetis pingue quiddam sonantibus atque peregrinum tamen auris suas dederet.

11 Neque enim est hoc dissimulandum, quod obscurari non potest, sed prae nobis ferendum: trahimur
omnes studio laudis, et optimus quisque maxime gloria ducitur. ipsi illi philosophi etiam iis libellis, quos
de contemnenda gloria scribunt, nomen suum inscribunt: in eo ipso, in quo praedicationem nobilitatemque despiciunt, praedicari de se ac nominari volunt.
(27) Decimus quidem Brutus, summus vir et imperator, Acci, amicissimi sui, carminibus templorum ac
monumentorum aditus exornavit suorum. iam vero
ille, qui cum Aetolis Ennio comite bellavit, Fulvius
non dubitavit Martis manubias Musis consecrare.
quare, in qua urbe imperatores prope armati poetarum nomen et Musarum delubra coluerunt, in ea non

merhin einer Belohnung wert erachtete, sollte das Talent dieses Mannes, die Kraft und Fülle seiner Produktion nicht für sich zu gewinnen versucht haben? (26) Hätte Archias ferner nicht von Quintus Metellus Pius, seinem besten Freunde, der viele mit dem Bürgerrecht beschenkt hat, diese Gunst persönlich oder durch Vermittlung der Luculli[31] erhalten können? Zumal dieser Mann einen Hymnus auf seine Taten so heiß wünschte, daß er sogar Dichtern aus Corduba trotz ihrer sonderbar schwülstigen, fremd klingenden Sprache sein Ohr lieh.

11 Wir brauchen ja nicht zu verhehlen, was man doch nicht verbergen kann, sondern dürfen es offen bekennen: uns alle treibt das Verlangen nach Ruhm, und gerade die Besten lassen sich am meisten vom Ruhm leiten. Sogar die Herren Philosophen setzen ihren Namen auf die Abhandlungen, die sie über die Verachtung des Ruhmes schreiben; also gerade da, wo sie auf Lobpreis und Berühmtheit verächtlich herabblicken, wollen sie sich gerühmt und genannt wissen. (27) Hat doch auch Decimus Brutus, ein so bedeutender Mann und Feldherr, die Eingänge zu seinen Tempeln und anderen Bauwerken mit den Versen des Accius[32], seines besten Freundes, schmücken lassen. Und vollends trug Fulvius, der in Begleitung des Ennius gegen die Aetoler focht,[33] kein Bedenken, die Beute, die ihm Mars geschenkt hatte, den Musen zu weihen. Daher dürfen in einer Stadt, deren Feldherren beinahe noch im Panzer dem Namen »Dichter« und den Heiligtümern der Musen ihre Ehrfurcht bezeugt haben, die Richter in ihrem Friedenskleide sich

debent togati iudices a Musarum honore et a poetarum salute abhorrere.
(28) Atque ut id libentius faciatis, iam me vobis, iudices, indicabo et de meo quodam amore gloriae nimis acri fortasse, verum tamen honesto vobis confitebor. nam, quas res nos in consulatu nostro vobiscum simul pro salute huius ⟨urbis⟩ atque imperi et pro vita civium proque universa re publica gessimus, attigit hic versibus atque inchoavit. quibus auditis, quod mihi magna res et iucunda visa est, hunc ad perficiendum hortari ⟨non destiti⟩. nullam enim virtus aliam mercedem laborum periculorumque desiderat praeter hanc laudis et gloriae. qua quidem detracta, iudices, quid est, quod in hoc tam exiguo vitae curriculo et tam brevi tantis nos in laboribus exerceamus? (29) certe, si nihil animus praesentiret in posterum, et si, quibus regionibus vitae spatium circumscriptum est, isdem omnis cogitationes terminaret suas, nec tantis se laboribus frangeret neque tot curis vigiliisque angeretur nec totiens de ipsa vita dimicaret. nunc insidet quaedam in optimo quoque virtus, quae noctes ac dies animum gloriae stimulis concitat atque admonet non cum vitae tempore esse dimittendam commemo-

der Ehrung der Musen und der Rettung eines Dichters nicht entziehen.

(28) Und damit ihr das um so lieber tut, ihr Richter, will ich mich jetzt selber vor euch verraten und euch meine Ruhmbegier eingestehen, die vielleicht zu leidenschaftlich ist, aber sich doch in den Grenzen des sittlich Erlaubten hält. Dieser Mann hat sich nämlich an die dichterische Darstellung der Taten gemacht, die ich während meines Consulats gemeinsam mit euch zur Rettung unserer Stadt und unseres Reiches, zum Schutze unserer Mitbürger und überhaupt des ganzen Staates vollbracht habe. Als ich von diesem Plan hörte, habe ich ihn fortwährend zu seiner Vollendung aufgefordert, weil mir dieses Unternehmen wichtig und erfreulich schien. Ein tüchtiger Mann wünscht sich ja keinen anderen Lohn für seine Mühen und Gefahren als eben Ehre und Ruhm; denn wird uns dieser Lohn vorenthalten, ihr Richter, was hätten wir dann noch für einen Grund, uns in diesem engbegrenzten Leben derart mit solchen Anstrengungen abzuplagen? (29) Gewiß, wenn der Geist kein Vorgefühl für künftige Zeiten hätte, sondern alle seine Gedanken in die gleichen engen Grenzen einschränken müßte, die unserer Lebenszeit gesetzt sind, dann würde er sich nicht in solchen Mühen aufreiben, sich nicht mit so vielen Sorgen in schlaflosen Nächten quälen und nicht so oft geradezu auf Leben und Tod kämpfen. So aber lebt in jedem guten Menschen ein edler Trieb, der den Geist bei Tag und Nacht durch den Gedanken an den Nachruhm anspornt und ihn daran mahnt, daß wir die Sorge um die Fortdauer

rationem nominis nostri, sed cum omni posteritate adaequandam.

12 (30) An vero tam parvi animi videamur esse omnes, qui in re publica atque in his vitae periculis laboribusque versamur, ut, cum usque ad extremum spatium nullum tranquillum atque otiosum spiritum duxerimus, nobiscum simul moritura omnia arbitremur? an statuas et imagines, non animorum simulacra, sed corporum, studiose multi summi homines reliquerunt: consiliorum relinquere ac virtutum nostrarum effigiem nonne multo malle debemus summis ingeniis expressam et politam? ego vero omnia, quae gerebam, iam tum in gerendo spargere me ac disseminare arbitrabar in orbis terrae memoriam sempiternam. haec vero sive a meo sensu post mortem afutura est sive, ut sapientissimi homines putaverunt, ad aliquam animi mei partem pertinebit, nunc quidem certe cogitatione quadem speque delector.

(31) Quare conservate, iudices, hominem pudore eo, quem amicorum videtis comprobari cum dignitate, tum etiam vetustate, ingenio autem tanto, quantum id convenit existimari, quod summorum hominum ingeniis expetitum esse videatis, causa vero eius modi,

unseres Namens nicht mit der Dauer unseres Lebens schwinden lassen dürfen, sondern sie bis auf die späteste Nachwelt ausdehnen sollen.

12 (30) Oder sollten wir uns wirklich alle so kleinmütig zeigen, wir, die mitten im politischen Leben und somit in einem gefahr- und mühevollen Dasein stehen, daß wir glaubten, alle unsere Leistungen stürben mit uns, nachdem wir bis ans Ende unserer Tage keinen ruhigen, freien Atemzug getan haben? Und wenn viele große Männer eifrig darauf bedacht waren, Statuen und Bilder von sich zu hinterlassen, die doch nicht den Geist, sondern nur den Körper darstellen, müssen wir da nicht viel eher den Wunsch hegen, ein Abbild unseres ganzen Denkens und Handelns hinterlassen zu können, das von den größten Talenten treffend und fein gezeichnet wurde? Wahrhaftig, ich habe bei allen meinen Taten schon während ihrer Ausführung daran gedacht, daß ich eine Saat zum ewigen Andenken der ganzen Welt ausstreue. Ob mir nun dieses Andenken nach meinem Tode nicht zum Bewußtsein kommt oder ob es nach dem Glauben der Philosophen einen Teil meines geistigen Lebens ausmachen wird – jedenfalls denke ich jetzt schon gerne mit einer leisen Hoffnung daran.[34]

(31) Rettet also, ihr Richter, einen Mann, dessen ehrenhafte Gesinnung ihr durch die langjährige Freundschaft hochangesehener Männer verbürgt seht, dessen Talent so groß ist, wie man es wohl voraussetzen muß, wenn sich darum, wie ihr seht, die vornehmsten und geistvollsten Männer bemüht haben, dessen Sache vollends derart ist, daß sie durch die Begünsti-

quae beneficio legis, auctoritate municipi, testimonio
Luculli, tabulis Metelli comprobetur. quae cum ita
sint, petimus a vobis, iudices, si qua non modo huma-
na, verum etiam divina in tantis ingeniis commendatio
debet esse, ut eum, qui vos, qui vestros imperatores,
qui populi Romani res gestas semper ornavit, qui
etiam his recentibus nostris vestrisque domesticis periculis aeternum se testimonium laudis daturum esse
profitetur eoque est e numero, qui semper apud omnis sancti sunt habiti itaque dicti, sic in vestram acci-
piatis fidem, ut humanitate vestra levatus potius quam
acerbitate violatus esse videatur.

(32) Quae de causa pro mea consuetudine breviter
simpliciterque dixi, iudices, ea confido probata esse
omnibus: quae a forensi abhorrentia sermone iudicia-
lique consuetudine et de hominis ingenio et commu-
niter de ipso studio locutus sum, ea, iudices, a vobis
spero esse in bonam partem accepta, ab eo, qui iudicium exercet, certo scio.

gung des Gesetzes, die Bürgschaft einer freien Stadt, das Zeugnis eines Lucullus und die Listen eines Metellus gerechtfertigt wird. Wir richten daher an euch, ihr Richter, die Bitte: wenn nicht nur Menschen, sondern auch die Götter Rücksicht auf solche Geister verlangen, dann nehmt ihn, der euch, eure Feldherren und die Taten des römischen Volkes jederzeit gepriesen hat, der auch die Gefahren der jüngsten Zeit, die mich und euch im Inneren des Staates bedrohten, durch sein lobendes Zeugnis der Ewigkeit zu überliefern verspricht und der zur Zahl jener Männer gehört, die von jeher auf der ganzen Welt für heilig gehalten und auch so genannt worden sind, so in Schutz, daß man sieht, ihr habt ihm zum Heile eure Milde, und nicht zu seinem Schaden Strenge walten lassen.

(32) Die wenigen einfachen Worte, die ich nach meiner Gewohnheit zur Rechtsfrage gesprochen, ihr Richter, haben, wie ich zuversichtlich hoffe, euer aller Beifall gefunden; was ich abweichend von der auf dem Forum und vor Gericht geltenden Gewohnheit über das Talent meines Klienten und im allgemeinen über künstlerische und wissenschaftliche Bestrebungen überhaupt gesprochen, das habt ihr Richter hoffentlich gütig aufgenommen; beim Vorsitzenden bin ich dessen sicher.

Anmerkungen

1 Die schönen Künste (artes ingenuae, optimae) sind Philosophie, Poesie, Rhetorik, Grammatik, Beschäftigungen, die eines freien Mannes würdig sind, im Gegensatz zu den Tätigkeiten der Handarbeiter oder Sklaven (Banausen).
2 Cicero nennt hier Archias mit dem römischen Namen, um zu zeigen, daß er ein römischer Bürger ist.
3 Antiocheia am Orontes, Hauptstadt von Syrien; Hieronymus nennt die Stadt noch die »Mutterstadt des ganzen Ostens« (metropolis totius orientis).
4 In Rom herrschte politische Ruhe seit den Gracchen bis zum Bundesgenossenkrieg, unterbrochen nur durch die Kimbernkriege und einen rasch unterdrückten Aufstand.
5 Der eine Consul des Jahres 102 war Marius, der freilich von sich selbst (bei Sallust) sagte, er sei in der griechischen Literatur ungebildet; der andere Consul, Quintus Lutatius Catulus, ein tüchtiger Feldherr, war vielseitig gebildet.
6 Cicero meint die Jahre 102–92.
7 Der ältere Metellus kämpfte 109 und 108 gegen Iugurtha und bekam den Ehrennamen Numidicus; im Jahre 100 wurde er auf Betreiben eines Volkstribunen verbannt, und sein Sohn wurde für den Eifer, mit dem er die Zurückberufung des Vaters betrieb, mit dem Beinamen Pius geehrt.
8 Aemilius Scaurus war ein angesehener Optimat und Redner zur Zeit des Iugurthinischen Krieges. Q. Catulus: vgl. Anm. 5; der Sohn war 78 Consul, 65 Censor. L. Crassus, in dessen Hause auch Cicero als Knabe verkehrte, war ein bekannter Redner und Politiker; er starb 91. M. Livius Drusus war Volkstribun im Jahre 91. Cn. Octavius war 87 Consul, wurde aber von Cinna ge-

ächtet. Cato: wohl M. Porcius Cato, der Vater des jüngeren Cato. In der Familie der Hortensier war besonders angesehen Quintus Hortensius Hortalus (69 Consul), Ciceros Nebenbuhler in der Beredsamkeit.

9 Die Lex Plautia Papiria wurde von Marcus Plautius Silvanus und von Gaius Papirius Carbo im Jahre 89 eingebracht.

10 Der Bundesgenossenkrieg fand 90–88 statt; die Italiker hatten das volle Bundesgenossenrecht verlangt. Im Kriege selbst unterlagen sie, bekamen das volle Recht aber doch zugesprochen.

11 Appius und Gabinius waren im Jahre 89 Praetoren wie Metellus.

12 Lucius Lentulus, sonst unbekannt, war wohl ebenfalls im Jahre 89 Praetor; er scheint den Vorsitz in einem Gerichtshof über das Bürgerrecht geführt zu haben.

13 Cicero meint die letzten Censoren, unter denen ein Census zustande kam, im Jahre 70.

14 Die Comites oder Contubernales, der engere Stab eines Statthalters, wurden auf Staatskosten unterhalten. Nach der Rückkehr aus der Provinz reichte der Statthalter der Staatskasse ein Verzeichnis der Empfangsberechtigten ein, und diese konnten dann aus der Kasse ihren Unkostenbeitrag erhalten.

15 Cicero denkt an die Gefahren, die er im Jahre zuvor bei der Bekämpfung Catilinas zu bestehen hatte.

16 Der jüngere Scipio Africanus starb 129. Gaius Laelius Sapiens, Consul im Jahre 140, und Lucius Furius Philus, Consul im Jahre 136, gehörten dem Freundeskreis des jüngeren Africanus an. Marcus Porcius Cato erreichte ein Alter von 85 Jahren und starb 149 v. Chr.

17 Quintus Roscius war der berühmteste Schauspieler der Römer, an dem man besonders das Gebärden- und Mienenspiel bewunderte. Er war auch als Mensch sehr geachtet.

18 Quintus Ennius (gest. 169) dichtete 18 Bücher »Annalen«, auch Tragödien, Komödien usw.
19 Um die Ehre, Homers Geburtsort zu sein, stritten sich (mindestens) sieben Städte, die der antike Merkvers zusammenfaßt:
Ἑπτὰ πόλεις διερίζουσιν περὶ ῥίζαν Ὁμήρου,
Σμύρνα, Ῥόδος, Κολοφών, Σαλαμίς, Χίος, Ἄργος, Ἀθῆναι
(Septem urbes certant de stirpe insignis Homeri: Smyrna, Rhodus, Kolophon, Salamis, Chios, Argos, Athenae). Salamis ist eine Stadt auf Zypern, mit der bekannten Insel nicht identisch.
20 Lucius Plotius war der erste Römer, der (90 v. Chr.) Rhetorikunterricht in lateinischer Sprache erteilte.
21 Gemeint ist der Mithridatische Krieg 74–64.
22 Im Jahre 73 befreite Lucullus die Stadt Kyzikos (in der Propontis gelegen) und besiegte bald danach die Flotte des Mithridates bei der berühmten Insel Tenedos. Dann setzte er dem Mithridates (73 v. Chr.) in sein eigenes Reich Pontus nach und drang nach der Eroberung von Pontus auch nach Armenien vor, wo er 96 v. Chr. bei Tigranokerta das zwanzigmal stärkere Heer des mit Mithridates verbündeten Tigranes schlug (vgl. »Rede über den Oberbefehl des Cn. Pompeius«, §§ 20f.).
23 Cicero spricht von dem unter den Zuhörern anwesenden jüngeren Cato; sein Urgroßvater, der alte Cato, hatte den Quintus Ennius nach Rom gebracht.
24 Quintus Fabius Maximus, der große Zauderer, hatte Rom im Krieg gegen Hannibal gerettet; Claudius Marcellus wurde besonders berühmt durch den Sieg bei Nola und die Eroberung von Syrakus im Krieg gegen Hannibal; Marcus Fulvius Nobilior unterwarf die Aetoler als Consul im Jahre 189 v. Chr.
25 Rudiae in Calabrien war die Heimat des Dichters Ennius.

26 Griechisch war, besonders seit den Eroberungszügen Alexanders, Weltsprache, während nicht einmal in ganz Italien lateinisch gesprochen wurde und das Lateinische sich nur ganz allmählich in Afrika, Spanien und Gallien verbreitete.
27 Alexander hatte mehrere Schriftsteller bei sich, so den Aristobulos, den Ptolemaios, Kallisthenes, Nearchos, Onesikritos u. a.
28 Sigeion ist ein Vorgebirge der Troas am Eingang des Hellespont, mit Grabmal und Tempel des Achilleus.
29 Theophanes aus Mitylene auf der Insel Lesbos begleitete Pompeius auf allen seinen Kriegszügen.
30 Sulla war im Jahre 83 mit 40000 Soldaten aus dem ersten Mithridatischen Krieg nach Italien zurückgekehrt und besiegte mit diesem Heer die Truppen der Volkspartei, die ihm entgegengezogen waren, in Campanien. Dann rottete er seine Gegner durch die blutigen Ächtungen (Proscriptionen) aus. An der Versteigerung der Güter der Geächteten pflegte Sulla persönlich teilzunehmen. Bei einer solchen Versteigerung ereignete sich die geschilderte Szene.
31 Die Mutter Caecilia der Luculli war eine Tante des Quintus Metellus Pius.
32 Lucius Accius lebte von 170 bis etwa 90 v. Chr. Er war ein bekannter Tragödiendichter und hatte dem Brutus ein Buch in saturnischen Versen gewidmet, aus dem dieser einige Verse am Tempel des Mars anbringen ließ, den er aus der Beute von den Lusitaniern und Gallaecern beim Circus Flaminius errichten ließ (so der Scholiast).
33 Marcus Fulvius Nobilior, Consul im Jahre 189, besiegte die Aetoler, brachte die Statuen der Musen aus Ambrakia nach Rom, erbaute aus der Kriegsbeute einen Tempel des Hercules und der Musen, ebenso am Circus Flaminius. Die Eroberung von Ambrakia verherrlichte Ennius in einer Tragödie.

34 Philosophen wie Pythagoras und Plato und auch der Dichter Pindar sprechen mehr oder weniger deutlich davon, daß die Seele oder ein Teil von ihr auch im Jenseits fühlt, wenn von dem Toten gut gesprochen wird.

Literaturhinweise

Ausgaben und Übersetzungen

Cicero: Oratio pro Archia poeta. Post P. Reis recogn. H. Kasten. Leipzig ³1966.
M. Tulli Ciceronis Pro A. Licinio Archia poeta oratio ad iudices. Hrsg. von J. S. Reid. Cambridge ²⁴1951.
Ciceros Reden gegen L. Sergius Catilina und für den Dichter Archias. Nach K. Halm erkl. von W. Sternkopf. Berlin ¹⁵1916.
Ciceros Rede für den Dichter Archias. Erkl. von F. Richter und A. Eberhard, bearb. von H. Nohl. Leipzig ⁵1926.
Ciceron: Discours. T. 12: Pour le poète Archias. Texte établi et traduit par F. Gaffiot. Paris 1959.
Ciceros Rede für Archias. Hrsg. von C. Woyte. Leipzig 1928.
M. Tullius Cicero: Pro Archia. Textbearb. und Namensverz. von W. Ries. Würzburg ²1977.
M. Tullius Cicero: Pro Archia Poeta. Ein Zeugnis für den Kampf des Geistes um seine Anerkennung. Hrsg., übers. und erl. von H. und K. Vretska. Darmstadt 1979.
M. Tulli Ciceronis Pro Archia Poeta Oratio. Erl. von O. Schönberger. Bamberg ⁸1980.
Cicero: Sämtliche Reden. Hrsg. von M. Fuhrmann. Bd. 5. Zürich/München 1978.

Sekundärliteratur

Albrecht, M. v.: M. Tullius Cicero. Sprache und Stil. In: RE Suppl. 13 (1973) Sp. 1237 ff.
Albrecht, M. v./Vester, H.: Ciceros Rede Pro Archia. Deutung und unterrichtliche Behandlung. Heidelberg 1970.
Altevogt, H.: Der Bildungsbegriff im Wortschatze Ciceros. (Diss. Münster.) Emsdetten 1940.
André, J. M.: L'otium dans la vie morale et intellectuelle romaine des origines à l'époque Augustéenne. Paris 1966.
Bernert, E.: Otium. In: Würzburger Jahrbücher für die Altertumswissenschaft 4 (1949/50) S. 89 ff.

Buchheit, V.: Ciceros Triumph des Geistes. In: Gymnasium 76 (1969) 232 ff.
Eisenberger, H.: Die Funktion des 2. Hauptteils von Ciceros Rede für den Dichter Archias. In: Wiener Studien NF 13 (1979) S. 88–98.
Fuhrmann, M.: Cum dignitate otium. In: Gymnasium 67 (1960) S. 481 ff.
Gajdukevic, V. F.: Das Bosporanische Reich. Amsterdam 1971.
Gotoff, H. C.: Cicero's Elegant Style. An Analysis of the Pro Archia. Urbana 1979.
Grüninger, D.: Otium: Ruhe, Muße, erfüllte Zeit. In: Der Altsprachliche Unterricht 15,1 (1972) S. 41 ff.
Hahn, H.: Zur Struktur des ciceronischen Redeprooems. In: Der Altsprachliche Unterricht 11,4 (1968) S. 5–14.
Husband, R. W.: The prosecution of Archias. In: The Classical Journal 9 (1914) S. 165 ff.
Gaffiot, F.: Texte du Pro Archia. In: Revue de Philologie 55 (1929) S. 348 ff.
Koller, E.: Muße und musische Paideia. In: Museum Helveticum 13 (1956) S. 1 ff., 94 ff.
Kretschmar, M.: Otium, studia literarum, Philosophie und Bios theoretikos im Leben und Denken Ciceros. Würzburg 1938.
Murphy, P. R.: Ciceros pro Archia and the Periclean Epitaphios. In: Transactions and Proceedings 89 (1958) S. 99 ff.
Orban, M.: Le Pro Archia et le concept Cicéronien de la formation intellectuelle. In: Les Etudes Classiques 25 (1957) S. 173 ff.
Reitzenstein, R. A.: Licinius Archias. In: RE II,1, Hbd. 3 (1895) Sp. 463 ff.
Römisch, E.: Cicero. Pro Archia poeta. In: Interpretationen lateinischer Schulautoren mit einer didaktischen Einführung. Hrsg. von H. Krefeld. Frankfurt a. M. ²1970.
Rutz, W.: Ciceros Rede Pro Archia poeta im Lateinunterricht des nichtaltsprachlichen Gymnasiums. In: Der Altsprachliche Unterricht 7,5 (1964) S. 47 ff.
Schönberger, O.: Textkritische Anmerkungen zu Ciceros Archias-Rede. In: Helikon 8 (1968) S. 352 ff.
Schulze, W.: Ciceros Archiasrede im Lateinunterricht. In: Der Altsprachliche Unterricht 29,2 (1986) S. 40 ff.

Sternkopf, W.: Die Ökonomie der Rede Ciceros für den Dichter Archias. In: Hermes 1942 (1907) S. 337 ff.
Sydow, R.: Kritische Beiträge zu Ciceros Reden. In: Rheinisches Museum 91 (1942) S. 353 ff.
Taylor, J.: Political Motives in Cicero's Defense of Archias. In: American Journal of Philology 73 (1952) S. 62 ff.
Till, R.: Die Anerkennung literarischen Schaffens in Rom. In: Neue Jahrbücher 1940. S. 161 ff.
Vitelli, C.: La Pro Archia e l'Hortensius: Analogie e loro significato. In: Hermes 104 (1976) S. 59 ff.
Vretska, K.: Rhetorik als Interpretationsmittel (Cicero, Pro Archia 21). In: Verpflichtung der Antike. München 1979. S. 160 ff.
Wallach, P. B.: Cicero's Pro Archia and the Topics. In: Rheinisches Museum 132 (1989) S. 313 ff.

Literatur zu Cicero im allgemeinen

Büchner, K.: Cicero. Heidelberg 1964.
Fuhrmann, M.: Cicero und die römische Republik. München 1989.
Gelzer, M. / Kroll, W. / Philippson, R. / Büchner, K.: Marcus Tullius Cicero. Sonderdruck aus Paulys Realencyclopädie der classischen Altertumswissenschaft. Stuttgart [o. J.].
Graff, J.: Ciceros Selbstauffassung. Heidelberg 1963.
Knoche, U.: Cicero, ein Mittler griechischer Geisteskultur. In: Hermes 87 (1959) S. 57 ff.
Kroll, W.: Die Kultur der ciceronischen Zeit. Darmstadt 1963.
Neumeister, C.: Grundsätze der forensischen Rhetorik, gezeigt an Gerichtsreden Ciceros. München 1964.
Schulte, H. K.: Cicero, Repräsentant des Römertums. In: Der Altsprachliche Unterricht 5,3 (1962) S. 37 ff.
Seel, O.: Cicero. Stuttgart ²1964.
Strasburger, H.: Concordia ordinum. Amsterdam ²1956.
Stroh, W.: Taxis und Taktik. Die advokatorische Dispositionskunst in Ciceros Gerichtsreden. Stuttgart 1975.
Weische, A.: Ciceros Nachahmung der attischen Redner. Heidelberg 1972.

Nachwort

Marcus Tullius Cicero wurde im Jahre 106 v. Chr. bei Arpinum als Sohn eines Ritters geboren. Seine Mutter Helvia scheint früh gestorben zu sein.

Der Vater brachte Cicero und seinen Bruder Quintus schon bald nach Rom, wo die beiden hochbegabten Jungen von den besten Lehrern, übrigens auch von dem Dichter Archias, unterrichtet wurden. Cicero erhielt im Jahre 90 die Männertoga und begann dann seine Ausbildung als Redner auf dem Forum; nebenbei pflegte er philosophische Studien. Seinen Kriegsdienst leistete Cicero im sogenannten Bundesgenossenkrieg (90–89) ab; danach führte er seine Ausbildung als Redner weiter, studierte jedoch auch bei den berühmten Philosophen Philon (Akademiker) und Diodotos (Stoiker).

Schon im Jahre 80 trat Cicero durch die Verteidigung des S. Roscius Amerinus hervor, der wegen Vatermordes angeklagt war. In der Folgezeit mußte Cicero jedoch wegen seiner geschwächten Gesundheit zwei Jahre auf rednerische Tätigkeit verzichten. Diese Zeit benützte er zu einer großen Bildungsreise nach Griechenland, Kleinasien und Rhodos, wo er den berühmten Rhetor Molon hörte und sich ihm anschloß.

Im Jahre 75 wurde Cicero Quaestor in Sizilien. Durch seine gerechte Provinzverwaltung erwarb er sich das Vertrauen der Sizilier, die ihn deshalb im Jahre 70 zu ihrem Sachwalter im Prozeß gegen den räuberischen Statthalter Verres ernannten. Cicero verfaßte dabei die bekannten *Verrinischen Reden*.

Das Jahr 63 brachte einen Höhepunkt: Cicero wurde Consul und deckte die Verschwörung des Catilina auf. Da er die Verschwörer hinrichten ließ, ohne Gelegenheit zur Appellation an das Volksgericht zu geben (es gab da eine ›Lücke‹ im

Gesetz), wurde er später von seinem Todfeind Clodius angeklagt und mußte von 58–57 in die Verbannung gehen.
Im Jahre 57 wurde Cicero ehrenvoll zurückberufen; er war dann wieder als Redner und Politiker tätig. In dieser Zeit entstanden die großen Werke *De oratore, De re publica* und *De legibus.* Im Jahre 51/50 war Cicero Proconsul in Kilikien.
Im Bürgerkrieg zwischen Caesar und Pompeius versuchte Caesar alles, um Cicero auf seine Seite zu ziehen, doch hielt dieser die Sache des Pompeius für die gerechtere. Nach der Schlacht bei Pharsalus, die den Sieg Caesars bedeutete, zog sich Cicero aus der Politik weitgehend zurück.
In dieser Zeit der unfreiwilligen Abstinenz von der Politik (46–44) entstand ein Meisterwerk nach dem anderen: *Brutus* (Geschichte der römischen Beredsamkeit), *Orator* (über den idealen Redner), *Tusculanae disputationes* (fünf moralphilosophische Themen), *De natura deorum, De officiis* usw.
An der Verschwörung gegen Caesar war Cicero selbst zwar nicht beteiligt, doch billigte er die Tat der Verschwörer. Als Rom aber durch weitere Machtkämpfe zerrissen wurde und Antonius als Testamentsvollstrecker Caesars sich eine schlimme Willkürherrschaft anmaßte, griff ihn Cicero in den 14 sogenannten *Philippischen Reden* an. Leider war die Folge, daß sein Name in der Proskriptionsliste erschien. Im Jahre 43 ereilten Cicero die Schergen des Antonius und töteten ihn.

Cicero war bereits als Redner und Politiker voll anerkannt, hatte als Consul im Jahre 63 v. Chr. die Verschwörung des Catilina niedergeschlagen und stand auf der Höhe seines Lebens. In dieser Zeit, im Jahre 62 v. Chr., übernahm er die Verteidigung des Dichters Aulus Licinius Archias.
Archias wurde um 118 v. Chr. in Antiocheia als Sohn einer angesehenen Familie geboren, erhielt eine sorgfältige Erziehung und war schon in jungen Jahren als dichterischer Im-

provisator bekannt. Er kam 102 nach Rom, fand als eine Art Hofdichter in vornehmen Familien Aufnahme, erhielt 93 das Bürgerrecht der Stadt Herakleia und damit durch die Lex Plautia Papiria indirekt das römische Bürgerrecht. Von seinen Werken ist nichts erhalten mit Ausnahme von 35 Epigrammen der griechischen Anthologie unter dem Namen Archias, die man ihm wohl zuweisen darf.

Dieser Archias wurde nun von einem sonst unbekannten Grattius angeklagt, er maße sich das römische Bürgerrecht zu Unrecht an. Es ist möglich, daß hinter Grattius die pompeianische Partei stand, die mit Archias auch dessen Beschützer, die beiden Luculli, treffen wollte. Die Anklage stützte sich auf die Lex Papia, nach der alle, die sich das römische Bürgerrecht anmaßten, mit Stadtverweis bedroht wurden. Der Prozeß war daher ein Kriminalprozeß und wurde vor einer Strafkammer geführt. Grattius warf dem Dichter wohl folgendes vor: 1. Archias sei nicht Bürger von Herakleia; 2. er habe keinen gesetzmäßigen Wohnsitz in Rom besessen; 3. er habe sich bei keinem Praetor gemeldet; 4. er sei nie als Bürger anerkannt gewesen, sein Name fehle in den Censuslisten.

Der Vorsitzende im Prozeß gegen Archias war Ciceros Bruder Quintus. Die Verhandlung fand öffentlich auf dem Forum statt. Die Verteidigung übernahm Cicero aus drei Gründen: 1. er wollte seinem ehemaligen Lehrer helfen; 2. er wollte den ihm befreundeten Luculli einen Gefallen tun; 3. er wollte sich Archias verpflichten, von dem er ein griechisches Epos über die Ereignisse seines Consulats erwartete. Freilich hat Archias diese Hoffnung nicht erfüllt. – Die Freisprechung des Archias ist mit Sicherheit anzunehmen.

Die Besonderheit der Rede für Archias besteht in folgendem: Cicero befaßt sich in recht geringem Maß mit der rechtlichen Seite des Prozesses. Nach kurzen Ausführungen erklärt er sämtliche Fragen als zugunsten des Angeklagten geklärt. Er benützt aber die Gelegenheit gerne, seinen

Landsleuten die wichtige Rolle der Bildung und der Literatur für das Leben eines Volkes darzulegen. Rom war dem Gedanken der Bildung zu Ciceros Zeit noch längst nicht aufgeschlossen, und so muß man es Cicero um so höher anrechnen, daß er als politisch und forensisch erfolgreicher Mann für die schönen Künste und für das Heimatrecht des Dichters im höheren Sinne in Rom eintritt. Man hat diese kleine, aber wunderbar geformte Rede schon immer als eine hervorragende und wegen ihrer Humanität höchst anziehende Verteidigung des Bildungsgedankens und des gebildeten Menschen in einer wenig empfänglichen Umgebung aufgefaßt.

Der Aufbau der Rede

A. Einleitung (1–4): a. moralische Verpflichtung (1.2); b. die Art der Verteidigung (3.4); c. Angabe des Themas (4).
B. Erzählung (4–7): a. Jugend des Archias; b. sein früher Ruhm; c. die Verleihung des Bürgerrechtes.
C. Beweis (8–11): a. Erfüllung der gesetzlichen Bestimmungen (8–10); b. Ausübung des Bürgerrechtes durch Archias (11).
D. Exkurs (12–16): a. Erholung durch Bildung (12.13); b. geistige Nahrung durch Bildung (13.14); c. Vollkommenheit des Wesens durch Bildung (15.16).
E. Nebenbeweis (17–30): a. Heiligkeit und Würde des Archias (17–19) und seine bisherige Bedeutung für Rom (19–23); b. alle großen Männer ehrten die Dichter; daher hätte Archias leicht das Bürgerrecht erhalten können (23–26); c. die künftige Bedeutung des Archias für Cicero und Rom. Ruhmesidee (26–30).
F. Wirkungsvoller Schluß (31.32).

Inhalt

Pro A. Licinio Archia poeta oratio /
Rede für den Dichter A. Licinius Archias 4

Anmerkungen 44
Literaturhinweise 49
Nachwort 52